AF586173

Figure I
3
4
6
8
10
11
Peut=on ê=tre plus à p

ARLEQUIN, GARÇON MARCHAND, SOLDAT ET ESCLAVE PAR AMOUR,

COMÉDIE EN DEUX ACTES.

Représentée à Paris en 1783.

A PARIS,

Chez CAILLEAU, Imprimeur-Libraire, rue Gallande, N°. 50.

M. DCC. LXXXIV.

PERSONNAGES.

MAURICE, marchand.

ARGENTINE, marchande.

ARLEQUIN, garçon mercier chez Madame Argentine.

DURMER, négociant amériquain.

THOMAS, valet de Durmer.

LA RAMEE, ſergent.

GRAPIGNAC, Gaſcon.

La Scène eſt à Parme, dans une place publique.

ARLEQUIN,

SOLDAT ET ESCLAVE PAR AMOUR.

Le théâtre représente une place publique. On y apperçoit une boutique de merceries.

ACTE PREMIER.

SCÈNE PREMIÈRE.

ARLEQUIN *seul.*

ACHETEZ, Messieurs, achetez bas de soie de Paris, dentelles de Paris, ciseaux fins de Paris, aiguilles de Paris; achetez, Messieurs, achetez.

Que je suis malheureux! je ne vends rien. On me disoit dans mon pays va-t-en à Parme, mon ami; c'est une ville commerçante, tu y feras ta fortune. J'y viens : c'est fort bien. J'ai le bonheur de trouver une place de Maître garçon de boutique chez Madame Argentine; je la prends. Dans les commencemens je vendois assez bien; mais à présent le commerce ne va plus. Voilà plus de trois heures que je m'égosille, & personne ne vient. Allons, courage, il ne faut pas se rebuter; la vertu de notre état c'est la patience.

Achetez, Messieurs, achetez ; nous avons tout ce qu'il vous faut.

(*Il passe plusieurs personnes qui regardent dans la boutique, mais qui ne s'arrêtent pas.*)

Entrez, Messieurs, voyez; la vue n'en coûte rien. Quand Madame Argentine est là, ils s'arrêtent, ils lui parlent, & ils achètent tout ce qu'elle veut leur vendre; quand elle n'y est pas, ils passent & n'ont jamais besoin de rien. Comment fait-elle donc? Elle plaît à tout le monde sans le vouloir; & moi qui veux plaire à tout le monde, je ne plais à personne. Je fais cependant tout ce qu'il faut pour vendre; je suis honnête, poli, prévenant, je fais même crédit (*Grapignac paroît*), & cependant je ne vends rien. Mon Dieu! mon Dieu! que cela me tourmente!

SCENE II.

ARLEQUIN GRAPIGNAC.

GRAPIGNAC, *à part.*

CRÉDIT! cé mot charmant a frappé mon oreille : approchons. (*Haut.*) Cher ami, serbitur.

ARLEQUIN.

Monsieur, je suis le vôtre. Que voulez-vous? vous n'avez qu'à parler.

GRAPIGNAC.

Qu'à parler, cher ami; hé donc, jé parlérai. J'ai bésoin d'un habit complet, & cétéra.

ARLEQUIN.

Et cétéra? Nous n'avons pas, Monsieur, de cette étoffe-là... & cétéra.

GRAPIGNAC.

A cé qu'il mé paroît, bous n'êtes pas un grec. Voici lé fait en fort peu de paroles. Jé beux faire un habit dé nouvellé manière, qui puisse mé serbir en toutes les saisons; il faut qu'il soit dé drap, doublé dé camélot.

ARLEQUIN.

J'entends ce qu'il vous faut; c'est un habit d'hiver, doublé d'été.

GRAPIGNAC.

A merveillé! Sandis! mon cher ami, bous êtes pénétrant...

ARLEQUIN.

Mais de quelle couleur?

GRAPIGNAC.

La couleur n'y fait rien, l'habit est l'essentiel.

ARLEQUIN.

Voici du drap qui est fort à la mode.

GRAPIGNAC.

La coulur mé plaît fort : c'est jauné qué jé crois?

ARLEQUIN.

Et d'un beau jaune encore. Nous vous le doublerons de verd, la veste noir, & la culotte rouge.

GRAPIGNAC.

L'habillément séra des plus galans. Il mé tardé beaucoup de l'avoir sur lé corps.

ARLEQUIN.

Je le crois; car, entre nous, vous en avez besoin. Voilà précisément l'aunage qu'il vous faut; il ne nous reste plus qu'à en fixer le prix.

GRAPIGNAC.

Bon! lé prix n'y fait rien. Jé réçois dans huit jours l'argent dé mon château de Grapignac, qué mon intendant fait vendre à son profit, & jé réviens alors pour finir abec bous.

ARLEQUIN.

En ce cas-là, je vous le garderai, & dans huit jours...

GRAPIGNAC, *à part.*

Cé n'est pas là mon compte. (*Haut.*) Il mé lé faut dès aujourd'hui. Eh donc, jé bais lé prendre à présent à crédit, & dans huit jours jé biendrai satisfaire à mon engagément. J'ai bien là dans ma bourse quelqués ducats, mais, entré nous, jé n'aimé pas à dégarnir ma bourse.

ARLEQUIN.

Et moi je n'aime pas à dégarnir la boutique. Pour du crédit je n'en fais qu'à ceux que je connois & qui m'ont déjà acheté quelque chose.

GRAPIGNAC.

Comment! sandis! né bous soubient-il pas qué l'autré jour jé pris ici ma fourniture dé curédens?

ARLEQUIN.

Je m'en ressouviens bien; vous en prîtes un paquet que vous payâtes moitié comptant, mais l'autre court encore...

GRAPIGNAC.

Eh bien ! ſandis ! donnez-moi mon mémoire, jé l'acquitte à l'inſtant.

ARLEQUIN.

Le mémoire d'un paquet de cure-dens ; mais vous n'y penſez pas, ce n'eſt qu'un ſou que vous devez.

GRAPIGNAC.

Lé voici.

ARLEQUIN.

Vous faudra-t-il une quittance ?

GRAPIGNAC.

Non, mon ami, jé m'en rapporte à bous. Eh donc, puis-je à préſent emporter mon habit ?

ARLEQUIN.

Oui, en payant comme à votre ordinaire, moitié comptant.

GRAPIGNAC.

Jé bous engagé ma parole d'honnur qué dans huit jours...

ARLEQUIN.

L'argent vaut mieux que la parole

GRAPIGNAC.

Inſolent ! jé m'en bais bous punir. Jé bous donnois la préférence ſur mille autres marchands qui ſé diſputent ma pratique. Eh donc, jé bais ailleurs mé fournir amplement. Auſſi bien votre drap né mé plaît point du tout. Un habit jaune & verd, ſandis ! j'aurois tout l'air d'un perroquet.

(*Il ſort.*)

SCÈNE III.

ARLEQUIN *ſeul.*

VOYEZ un peu cet imbécille qui me fait perdre ainſi mon temps ! Il a bien fait de s'en aller, car je commençois à m'échauffer. Mais Madame Argentine ne revient pas ; quand elle reviendra, je lui dirai ſon fait. Il ne ſuffit pas, Madame, de me faire bonne mine & de me bien nourrir ; je veux vous voir, moi : quand je ne vous vois pas, il me ſemble que tout me manque. Oh ! non, je n'oſerai jamais ; ce ſeroit lui dire que je l'aime, & mon aſſiduité, mes ſoins perdroient tout leur mérite. Non, je ne lui dirai rien ; quand on rend ſervice à ce qu'on aime, il ne faut pas le lui faire ſavoir, car c'eſt alors qu'on en perd tout le prix.

Achetez, Meſſieurs, achetez, &c.

Quel dommage qu'elle ſoit plus riche que moi, ou plutôt que je ne ſois pas auſſi riche qu'elle! alors je lui dirois : Madame, je vous aime; je ſuis un bon garçon, marions-nous, ſi ça vous fait plaiſir. Je le veux bien, & voilà le mariage fait... Oui; mais ſi elle me refuſoit, je ſerois plus malheureux avec ma fortune & ſon refus, que n'ayant rien avec l'incertitude où je ſuis; ainſi tout bien combiné je ſuis heureux en eſpérance. Or, comme une bonne eſpérance vaut mieux qu'une mauvaiſe réalité, je ſuis très-heureux. (*Il rit.*) Ah! oui, je ſuis très-heureux; mais non, je ſuis malheureux, car elle ne revient point, & je ne vends rien.

Achetez, Meſſieurs, achetez, &c.

SCENE IV.

ARLEQUIN, THOMAS.

THOMAS.

AH! bon jour, Arlequin; je te trouve à propos.

ARLEQUIN.

Eh! c'eſt mon ami Thomas. Vas-tu m'acheter quelque choſe pour ton maître?

THOMAS.

Non, mon ami, je viens te faire mes adieux.

ARLEQUIN.

Comment tu vas déjà partir?

THOMAS.

Je vais ſuivre mon maître en Amérique.

ARLEQUIN.

Tu l'aimes donc bien?

THOMAS.

Je donnerois ma vie pour lui. Il eſt bruſque, un peu dur, mais il a le meilleur cœur; c'eſt le plus honnête homme que j'aie vu de ma vie. Imagine-toi qu'il vient de faire trois mille lieues pour chercher & payer un homme à qui il doit dix mille francs.

ARLEQUIN.

C'eſt bien honnête de ſa part; car on en voit beaucoup qui feroient le double du chemin pour éviter un créancier.

THOMAS.

Il m'a chargé de découvrir la demeure d'un négociant nommé Maurice, à qui il est adressé : peux-tu me l'enseigner ?

ARLEQUIN.

Mieux que personne ; il demeure là. (*Il lui montre la maison de Maurice.*)

THOMAS.

Adieu donc ; je m'en vais m'acquitter de ma commission.

(*Il sort.*)

SCENE V.

ARLEQUIN *seul.*

AVEC tout ça, je ne vends rien ; c'est fort désagréable au moins. Quand Madame Argentine reviendra, elle va me demander as-tu vendu quelque chose, Arlequin ? Il faudra encore dire rien, Madame. Cela la chagrinera ; elle ne me le dira pas, mais je le verrai bien Elle croira peut-être que c'est ma faute ; que je ne sais pas assez vanter sa marchandise... Je vais bien l'attrapper, car je vais moi-même acheter quelque chose (*Il tire de sa poche une petite bourse de peau.*) J'ai ici dix écus que je conservois comme la prunelle de mes yeux ; je vais, sans marchander, me donner un bon habit. On m'a toujours dit que j'avois la physionomie heureuse ; je me porterai peut être bonheur. (*Il tire une pièce d'étoffe.*) Combien cela, M. Arlequin ? —— Dix écus. —— En conscience? —— Je ne surfais jamais. —— Allons, Monsieur, voilà trente livres. —— Bien obligé : Dieu bénisse la main qui m'étrenne! ——Je le souhaite de tout mon cœur. —— Grand merci Il ne vous faut plus rien ? —— Non, Monsieur. —— Vous reviendrez nous voir? —— Très-volontiers. Adieu, Monsieur ——Monsieur, je suis votre très-humble serviteur. Cela ne va pas mal.

Achetez, Messieurs, achetez, &c.

Mais voici Madame Argentine & M. Maurice. Rentrons dans la boutique.

SCÈNE VI.

SCENE VI.

MAURICE, MADAME ARGENTINE, THOMAS.

MAURICE, *à Thomas.*

VOUS pouvez dire à votre maître que je l'attends ici.

THOMAS

C'est bon, Monsieur.

(*Il sort.*)

ARGENTINE.

Eh bien ! Monsieur, puis-je espérer que vous me rendrez le service que je vous demande ?

MAURICE

Je le voudrois de tout mon cœur ; mais à présent que l'argent est si rare mille écus ne se trouvent pas aisément. On exigera des sacrifices, on demandera des sûretés ; en pouvez-vous donner ?

ARGENTINE

J'ai dans mon magasin pour cinq à six mille francs de marchandises.

MAURICE.

Après ?

ARGENTINE.

Mon père a encore dans son porte-feuille pour quinze mille francs de billets.

MAURICE.

Et ces billets sont faits ?...

ARGENTINE.

Par des gens qu'il a obligé dans un temps plus heureux.

MAURICE

On peut évaluer ces billets à zéro. Je l'ai prédit à votre père ; il mérite bien ce qui lui arrive : il est permis de prêter sans doute, mais on ne doit jamais le faire que sur de bons effets. Tous ces beaux sentimens conduisent toujours à être dupe : mais enfin je verrai ces billets, ces marchandises ; & si l'on peut avec sûreté vous prêter dessus l'argent dont vous avez besoin, je le ferai de tout mon cœur.

ARGENTINE.

Allez-vous venir avec moi pour les examiner ?

MAURICE.

Je ne le puis dans le moment. J'attends ici un étranger; mais dans une heure je suis à vous.

ARGENTINE.

Je vais profiter de ce temps pour faire encore une démarche dont je n'attends pas un grands secours; mais je ne veux rien avoir à me reprocher.

(*Elle sort.*)

SCENE VII.

MAURICE *seul.*

C'EST fort bien fait à vous. Une femme comme cela, douce, jolie, seroit ma foi un trésor dans un ménage. Quel dommage qu'elle n'ait pas un peu de fortune! Elle m'auroit, je crois, fait faire une folie; mais Dieu me garde d'y penser! Voici, je crois, cet étranger.

SCENE VIII.

MAURICE, DURMER, THOMAS.

THOMAS, *à Durmer.*

VOICI Monsieur Maurice, Monsieur.

DURMER.

C'est bon. Va m'attendre chez moi (*Thomas sort.*) (*A Maurice*) On m'a assuré, Monsieur, que vous étiez autrefois lié d'affaires avec un marchand nommé Alexandre Bannetti?

MAURICE.

Alexandre Bannetti?

DURMER.

Oui, Monsieur; il étoit établi il y a six ans à Plaisance; il m'importe beaucoup de savoir où je puis le trouver, & vous m'obligerez si vous pouvez m'en donner des nouvelles.

MAURICE.

Peut on savoir quel intérêt si vif vous force à le chercher?

DURMER.

Le desir de revoir un ami, & le devoir de m'acquitter envers lui. Apprenez donc, Monsieur, que mes affaires m'ayant appelé à Plaisance, il y a environ six ans, les circonstances les plus malheureuses me conduisirent à y contracter des engagemens auxquels j'étois dans l'impossibilité de satisfaire. J'allois être arrêté lorsque cet homme généreux apprenant mon malheur, & me voyant abandonné de tout le monde, vint me trouver, m'ouvrit sa bourse, & me prêta dix mille francs.

MAURICE.

Dix mille francs! (*A part.*) Cela mérite attention.

DURMER.

Oui, Monsieur, dix mille francs. Je fis honneur à mes affaires, & je partis comblé de ses bienfaits. Deux ans après, mes correspondans furent chargés par moi de rembourser cet ami généreux. Mais j'appris que dans cet intervalle, ayant éprouvé des revers de fortune, il avoit quitté Plaisance. On fit en vain des perquisitions pour le retrouver, on me le manda, j'en fus désespéré : il ne me restoit plus que l'espérance de le retrouver moi-même. Je suis venu; j'ai parcouru toute l'Italie, mais inutilement. Enfin, je suis venu dans cette ville, où on m'a dit que vous pourriez m'aider dans mes recherches.

MAURICE.

On ne vous a pas trompé, Monsieur; il étoit mon ami, mais il est mort.

DURMER.

Il est mort! quelle affreuse nouvelle! Mais enfin, Monsieur, il avoit des parens, une femme, des enfans peut-être... Instruisez-moi. Le plaisir de leur restituer leur bien, & de partager avec eux celui que je possède, pourra me consoler de n'avoir pu témoigner à mon bienfaiteur ma vive & juste reconnoissance.

MAURICE.

Il n'a laissé qu'une fille, qui a continué son commerce dans cette ville, mais dont les affaires sont fort dérangées.

DURMER.

Il faut, Monsieur, me mener auprès d'elle sur-le-champ.

MAURICE.

Cela ne se peut pas... Elle est retirée à la campagne, à plus de vingt lieues d'ici.

DURMER.

Eh bien! Monsieur, partons. Des chevaux, une voiture : nous n'arriverons jamais assez tôt.

MAURICE.

Il m'est impossible de vous y accompagner aujourd'hui ; mais demain, sans autre délai, nous partirons.

DURMER.

Eh bien! puisqu'il le faut, j'attendrai à demain. Je vais rentrer chez moi finir quelques affaires ; mais demain, au point du jour, je suis à votre porte. Adieu.

SCENE IX.

MAURICE.

ADIEU, Monsieur. Quelle heureuse rencontre! Profitons bien vîte du hasard qui me favorise. Cette chere Argentine! Je sens que je l'aime plus que jamais. J'admire la présence d'esprit que j'ai eu d'affirmer que son pere etoit mort. Cachons lui bien cet heureux événement, & tâchons d'en tirer parti. Cet homme est généreux. Je suis bien sûr qu'il ne se bornera pas à payer les dix mille livres qu'il doit à son pere. Mais qu'elle tarde à venir! Auroit-elle rencontré cet étranger? Non. Je respire : la voici.

SCENE X.

MAURICE, ARGENTINE.

MAURICE.

EH bien! Madame, quelle nouvelle?

ARGENTINE.

Rien ne me réussit, Monsieur ; & si vous n'avez pitié de moi, je suis la plus malheureuse des femmes!

MAURICE.

Je viens de réfléchir à votre position, Madame ; elle me touche infiniment. L'idée de votre pere malheureux, si vous ne pouvez plus l'aider dans ses besoins, l'estime parfaite que j'ai pour vous, m'ont décidé à vous faire une proposition qui pourra vous tirer sur-le-champ d'embarras.

ARGENTINE.

Que de bontés, Monsieur! De grace, expliquez-vous?

MAURICE.

Vous connoissez ma fortune ? Je suis garçon, cela m'ennuie; vous êtes veuve, cela n'est pas fort amusant ; marions-nous, & sur-le champ je satisfais à tous vos engagemens.

ARGENTINE.

Ah! Monsieur, qu'exigez-vous de moi ?

MAURICE.

Je ne pourrai vous servir qu'à ce prix.

ARGENTINE.

Eh bien ! Monsieur, j'y ferai mon possible. Mais donnez-moi le temps d'instruire mon pere de votre proposition.

MAURICE.

Rien n'est plus juste, il faut le consulter. Pendant ce temps, je vais sortir pour emprunter l'argent dont vous avez besoin. Le temps est précieux. Voyez, réfléchissez ; c'est de vous maintenant que votre sort dépend.

(*Il sort.*)

SCENE XI.

ARGENTINE *seule.*

QUELLE position ! que je suis malheureuse ! Je n'ai donc plus que l'alternative cruelle d'abandonner mon père à son malheur, ou de passer mes jours avec un homme que je ne puis aimer ni estimer... Et ce pauvre Arlequin, dont l'amour tendre & naïf se fait si bien entendre, il faut m'en séparer ! Je le dois. Le voici. Je suis bien malheureuse !

SCENE XII.

ARGENTINE, ARLEQUIN.

ARGENTINE.

EH bien ! mon cher Arlequin, as-tu bien vendu aujourd'hui ?

ARLEQUIN, *à part.*

Son cher Arlequin ! (*Haut.*) Hélas! Madame, pas grand

chose ; je n'ai vendu que ce coupon de drap pour dix écus. Les voici.

ARGENTINE.

C'est toujours quelque chose.

ARLEQUIN.

C'est bien peu ; mais aussi, Madame, c'est votre faute ; vous n'êtes à présent jamais à la boutique : je n'ai pas l'art comme vous d'attirer les chalands. Le desir de bien faire ne suffit pas, il faut encore le bonheur.

ARGENTINE.

Il est vrai. (*A part.*) Je ne sais que lui dire... (*Haut.*) N'est-il venu personne me demander ?

ARLEQUIN

Personne, Madame, si ce n'est un garçon de la manufacture.

ARGENTINE, *troublée.*

De la manufacture ! ... Que t'a-t-il dit ?

ARLEQUIN.

Rien, Madame ; il vouloit vous parler

ARGENTINE.

Il ne t'a rien remis pour moi ?

ARLEQUIN.

Oh ! rien. .. qu'une lettre.

ARGENTINE.

Donnes-la donc.

ARLEQUIN.

La voici. (*Argentine lit.*) Cette lettre à l'air de la chagriner : j'avois bien raison de ne vouloir pas la lui donner... Qu'avez-vous donc, Madame ?

ARGENTINE.

Bien du chagrin, mon cher Arlequin. Je ne dois plus te le cacher ; je suis au désespoir ! Une banqueroute que nous avons éprouvée il y a quelques jours, nous met dans l'impossibilité de continuer le commerce. J'espérois que j'obtiendrois quelque délai pour mille écus que nous devons à M. Dumont ; mais il me menace par cette lettre de faire arrêter mon père si on ne le paie aujourd'hui. Nous sommes ruinés sans ressource !

ARLEQUIN.

Sans ressource !... Cela n'est pas possible. Rappelez-vous tous ceux qui vous ont offert leurs services ; qu'ils vous prêtent chacun une pistole, & vous voilà tirée d'affaires.

ARGENTINE.

Tu juges les hommes d'après ton cœur, mon bon ami ; mais

les offres qu'on fait aux gens qui n'ont besoin de rien, sont bientôt oubliés lorsqu'ils sont malheureux!

ARLEQUIN.

Mais M. Maurice, il est votre ami celui-là; il est riche, il faut lui découvrir votre malheur.

ARGENTINE.

Je me suis adressé à lui; il promet bien de me servir, mais il y met des conditions...

ARLEQUIN.

Et quelles sont ces conditions?

ARGENTINE.

Il veut... m'épouser.

ARLEQUIN.

Il est bien intéressé. Qu'avez-vous répondu?

ARGENTINE.

Rien de positif; mais il ne me reste que ce moyen cruel pour sauver mon père de l'indigence.

ARLEQUIN.

Vous épouserez M. Maurice?

ARGENTINE.

La nécessité m'en fait une loi.

ARLEQUIN.

Vous l'épouserez sans l'aimer?

ARGENTINE.

Hélas! oui.

ARLEQUIN.

Mais, Madame, épouser un homme sans l'aimer, c'est le tromper.

ARGENTINE.

La reconnoissance, les soins, les égards, remplaceront dans mon cœur un sentiment plus doux.

ARLEQUIN.

Vous êtes décidée?

ARGENTINE.

J'y ferai mon possible.

ARLEQUIN, *attendri.*

Adieu, Madame.

ARGENTINE.

Où vas-tu donc, Arlequin?

ARLEQUIN.

Je m'en retourne à mon pays.

ARGENTINE.

Quoi! tu veux me quitter?

ARLEQUIN.

Il le faut bien, quand vous m'abandonnez...

ARGENTINE.

Qui? moi t'abandonner? Ah! non, jamais. Je te placerai chez des gens plus heureux & plus en état de reconnoître tes bons services.

ARLEQUIN.

Quand on a servi ce qu'on aime, on ne peut plus en servir d'autres.

ARGENTINE.

Tu t'y attacheras comme à moi.

ARLEQUIN.

On ne peut s'attacher comme ça qu'une fois.

ARGENTINE.

Arlequin!

ARLEQUIN.

Madame!

ARGENTINE.

Devrois-tu me parler comme ça?

ARLEQUIN.

Ah! c'est que ça me tourmente bien fort.

ARGENTINE.

Quand on n'est pas heureux, on ne doit pas parler de ça.

ARLEQUIN.

Je n'en parlerai plus; car je vais quitter le pays pour toujours.

ARGENTINE.

Ecoute-moi, mon bon ami, l'honnêteté de ton cœur va devenir la règle du mien. Mais auparavant apprends que je t'aimois; oui je t'aimois: j'aurois fait ton bonheur en assurant le mien, si mon malheur n'avoit détruit tous mes projets. Mais tu n'ignores pas que mon père ne vit que des secours que je puis lui procurer: dois-je l'abandonner aux infirmités qui vont bientôt assiéger sa vieillesse & au malheur dont il est menacé? Conseille-moi, dois-je sacrifier mon père ou moi?

ARLEQUIN.

Je pense comme vous.

ARGENTINE.

Je n'attendois pas moins de ton bon cœur.

ARLEQUIN.

Quoi! vous m'aimiez?

ARGENTINE.

Hélas! il est trop vrai.

ARLEQUIN, *prêt à pleurer.*

Adieu, Madame.

ARGENTINE.

Cela devroit te consoler un peu.

ARLEQUIN, *pleurant tout-à-fait.*

Cela me console, il est vrai, mais j'en mourrai.

(*Il sort.*)

SCENE XIII.

ARGENTINE *seule.*

CE pauvre garçon! que son chagrin me touche & m'intéresse! Mais voici M. Maurice qui revient; contraignons-nous, & renfermons un penchant auquel mon cœur ne peut plus se livrer.

SCENE XIV.

ARGENTINE, MAURICE.

MAURICE.

JE n'ai pas perdu de temps, Madame; voici l'argent dont vous avez besoin. Puis-je enfin espérer que vous vous rendrez aux propositions d'un homme qui desire si fort votre bonheur?

ARGENTINE.

Tout est examiné, Monsieur; je suis sensible à vos bontés, & je m'en rendrai digne.

MAURICE.

Vous me comblez de joie, Madame. Rentrez, & rapportez-vous-en absolument à moi pour notre bonheur mutuel.

ARGENTINE *à part, en s'en allant.*

C'en est donc fait!

SCENE XV.

MAURICE *seul.*

NE perdons point de temps : allons bien vîte terminer ce que j'ai si heureusement commencé. Une jolie femme & de l'argent, la bonne affaire ! Je crois que j'en mourrai de joie.

Fin du premier Acte.

ACTE II.

SCENE PREMIÈRE.

ARLEQUIN *seul.*

J'AI beau faire, beau tourner, je ne puis pas quitter cet endroit-ci. C'eſt donc là la maiſon où j'ai paſſé des jours ſi heureux! c'eſt donc là qu'elle demeure! c'eſt là que je la voyois tous les jours... Pauvre Arlequin! tu ne la verras plus, elle eſt perdue pour toi : allons-nous-en. (*Il va à la maiſon d'Argentine.*) Si je pouvois la voir encore... Non, non... allons-nous-en... C'eſt donc là qu'elle m'a dit : « Cher Arlequin! apprends que je t'aimois; oui, que je t'aimois... ». Ouf! j'étouffe. Mon Dieu! mon Dieu! que je ſuis malheureux! Allons-nous-en... Mais cependant ſi je pouvois trouver cet argent moi-même, j'empêcherois ce mariage... Comment faire?... Je m'en vais l'emprunter à mes amis... Mille écus! c'eſt une terrible ſomme! Pour ne pas les effaroucher, je n'emprunterai qu'un écu à-la-fois, à mille perſonnes différentes; & voilà juſtement mes mille écus trouvés. (*Il rit.*) Voyez un peu comme le beſoin donne de l'invention! Je n'aurois jamais cru cet emprunt ſi facile. Allons .. Mais que vois-je? Je connois ce viſage-là... Eh! c'eſt M. de La Ramée.

SCENE II.

LA RAMÉE, ARLEQUIN.

LA RAMÉE

AH! bon jour, Arlequin.

ARLEQUIN.

Il y a long-temps qu'on ne vous a vu.

LA RAMÉE.

J'étois à ma garniſon.

ARLEQUIN.

Et vous voilà de retour pour long-temps?

LA RAMÉE.

Pour quelques jours ſeulement. Je ſuis envoyé du régiment pour hâter le départ de quelques recrues, & pour en faire d'autres ſi je puis.

ARLEQUIN.

C'eſt fort bien fait : mais pourquoi faire tant de recrues?

LA RAMÉE.

C'eſt que nous allons bientôt faire la guerre.

ARLEQUIN.

Faire la guerre, c'eſt terrible.

LA RAMÉE.

C'eſt charmant, mon ami. On voit du pays, on ſert ſa patrie, on s'amuſe, on chante, on boit, on bat les ennemis, & l'on fait du butin.

ARLEQUIN.

Du butin!... Et qu'eſt-ce que c'eſt que ce butin ?

LA RAMÉE.

C'eſt de l'or, des bijoux & des diamans.

ARLEQUIN.

Ah! M. La Ramée, vous devriez bien me faire avoir de ce butin, car j'en ai grand beſoin.

LA RAMÉE.

Cela eſt fort aiſé; tu n'as qu'à venir avec nous.

ARLEQUIN.

Avec vous? Je le veux bien, ſi vous voulez m'avancer ma part du butin.

LA RAMÉE.

Je ne le puis, mais je te donnerai un bon engagement.

ARLEQUIN.

Qu'eſt-ce que c'eſt qu'un engagement?

LA RAMÉE.

C'eſt de l'argent.

ARLEQUIN.

Eh bien! M. La Ramée, il me faut donner un engagement, & j'irai après faire le butin.

LA RAMÉE.

Combien veux-tu?

ARLEQUIN.

Combien?... Mille écus.

LA RAMÉE.

Mille écus! tu te moques de moi. Avec cet argent j'aurois dix hommes plus beaux que toi.

ARLEQUIN.

C'eſt bientôt dit plus beaux que moi. Mais enfin regardez-moi bien, je ne ſuis pas de ces blancs-becs qui craignent l'ardeur du ſoleil; j'ai un teint à l'épreuve, moi. Combien donc, mon ami, mon cher ami, voulez-vous me donner ?

LA RAMÉE.

Cent écus.

ARLEQUIN.

Cent écus ? & combien durera mon engagement?

LA RAMÉE.

Trois ans.

ARLEQUIN.

Allons, je le veux bien.

LA RAMÉE.

Allons, touche là ; c'eſt fait : nous partirons demain.

ARLEQUIN.

Et les cent écus ?

LA RAMÉE.

Je vais te les donner; mais il faut auparavant faire ton engagement.

ARLEQUIN.

Je le veux bien.

LA RAMÉE.

Voyons d'abord ton ſignalement. Quelle taille as-tu?

ARLEQUIN.

Une baſſe taille.

LA RAMÉE.

Je te demande ta hauteur?

ARLEQUIN.

Je n'en ſais rien.

LA RAMÉE, *écrivant.*

Taille moyenne, le front chauve. Les yeux?

ARLEQUIN.

Grands & amoureux.

LA RAMÉE.

Langoureux. Le teint?

ARLEQUIN.

Brun & uni.

LA RAMÉE.

Rembruni. La bouche?

ARLEQUIN.

Ni grande ni petite.

LA RAMÉE.

Plus grande que petite. Le nez ?

ARLEQUIN.

Long & bien fait.

LA RAMÉE.

Mal fait ; c'est fort bien. Relis ton engagement.

ARLEQUIN.

Je ne sais pas lire.

LA RAMÉE.

En ce cas nous ne pouvons rien terminer sans témoins ; mais tu n'as qu'à venir chez moi dans une heure, & nous ferons l'engagement en règle.

ARLEQUIN.

Grand merci. . . Pour trois ans seulement ?

LA RAMÉE.

Pour trois ans, à commencer d'aujourd'hui. Adieu ; je vais t'attendre à l'hôtel de la Victoire, quai des Pigeons.

ARLEQUIN.

A l'hôtel de la Victoire, quai des Pigeons ; c'est fort bien.

LA RAMÉE.

Ne vas pas te tromper, car nous sommes plusieurs. Tu demanderas M. de La Ramée, sergent au régiment de Royal-Infanterie ; je t'attendrai avec un grand plat de macaronis.

ARLEQUIN.

Je vous trouverai bien ; mon nez me conduira.

LA RAMÉE.

Dans une heure. Va dire adieu à tes amis ; il faut partir demain, car on n'attend que nous pour livrer une bataille, ensuite l'assaut, ensuite le butin.

ARLEQUIN.

Vous m'avez bien dit ce que c'étoit que le butin ; mais l'assaut, qu'est-ce que c'est ; est-ce bien difficile à faire ?

LA RAMÉE.

Rien de si aisé ; on a l'épée à la main, on monte à une échelle, le premier ennemi qui se présente on le plonge ; il en vient un autre, on le plonge, ainsi des autres jusqu'à ce qu'ils soient tous plongés : alors on entre dans la place, & l'on fait du butin.

ARLEQUIN.

Mais si, en plongeant comme ça, on est plongé ?

LA RAMÉE.

Mon ami, quand on a du cœur on plonge toujours, & l'on n'est pas plongé.

ARLEQUIN.

En ce cas là je plongerai toujours.

LA RAMÉE.

C'est fort bien. Adieu ; dans une heure au quai des Pigeons, hôtel de la Victoire.

ARLEQUIN.

Ecoutez donc ; ne pourriez-vous pas m'engager pour six ans, & me donner deux cents écus ?

LA RAMÉE.

Non, cela ne se peut pas ; mais au bout des trois ans tu seras libre & tu pourras recommencer au même prix. Adieu.

SCENE III.

ARLEQUIN *seul.*

ALLONS, cela ne va pas mal. Voilà déjà cent écus pour Madame Argentine : voyons ce qu'il me reste à faire. J'ai trente ans ; combien puis-je vivre encore ? (*Il tousse.*) Soixante-dix ; oui, j'irai bien jusqu'à cent ans. Ainsi, en m'engageant pour trente ans seulement, j'aurai justement les mille écus qu'il faut à Madame Argentine. Je serai libre à soixante ans, & je l'épouserai. C'est un gain tout clair, car j'aurai quarante ans de plaisir pour trente ans de peine : c'est fort bien ; voilà déjà trois ans d'assuré. Je vais me faire payer des vingt-sept autres années par ceux qui voudront me les donner, sur le quai des Pigeons. Allons. . (*Il fait quelques pas pour sortir, & revient.*) Mais je fais une réflexion. Quand j'aurai tout cet argent, par qui le ferai-je donner à Madame Argentine ? Je n'oserai jamais le remettre moi-même. Allons trouver mon ami Thomas, c'est un bon garçon, il fera mon affaire mieux que personne. Mais je l'apperçois.

SCÈNE IV.

ARLEQUIN THOMAS.

ARLEQUIN.

THOMAS ! Thomas !

THOMAS.

Qui m'appelle ?

ARLEQUIN.

C'eſt moi, Thomas; c'eſt ton ami Arlequin.

THOMAS.

Ha, ha, c'eſt toi; que me veux-tu ?

ARLEQUIN, *à part.*

J'ai eu là une bonne idée. (*Haut.*) Mon ami Thomas, j'allois te chercher.

THOMAS.

Dépêche-toi, car je ne puis long temps t'écouter; mon maître va rentrer.

ARLEQUIN.

C'eſt que, mon ami Thomas, je voudrois que tu me fiſſes le plaiſir d'aller chez Madame Argentine, mon ancienne maîtreſſe, & que tu lui remiſſes, comme ſi c'étoit une reſtitution, mille écus que je vais te donner.

THOMAS.

Mille écus ! & où les prendras-tu ?

ARLEQUIN.

Je vais les recevoir tout-à-l'heure; je vais m'engager pour la guerre.

THOMAS.

L'on te donne mille écus d'engagement?

ARLEQUIN.

Sans doute.

THOMAS.

Tu te moques de moi; on ne donne au plus que cent écus: je le ſais bien, car, avant d'être chez l'Amériquain que je ſers, j'avois fait auſſi un engagement.

ARLEQUIN.

C'eſt que tu ne t'étois engagé que pour trois ans; moi je m'engage pour trente ans.

THOMAS.

Tu trouves un officier qui t'engage pour trente ans?

ARLEQUIN.

Je ſerai mieux que ça; je m'engagerai à dix ſéparément, & cela ſera juſtement ma ſomme.

THOMAS.

Mais tu n'y penſes pas, Arlequin; ce ſeroit une eſcroquerie. On ne peut faire à-la-fois qu'un engagement.

ARLEQUIN.

Comment? je ne puis pas m'engager pour trente ans?

THOMAS.

THOMAS.

Si tu hasardois à le faire, & que tu fusses reconnu, vingt années de fers

ARLEQUIN.

Ce n'est pas là mon compte. Mon Dieu ! mon Dieu! que je suis donc fâché de t'avoir rencontré !

THOMAS.

Tu as grand besoin de cet argent ?

ARLEQUIN.

Si je ne le trouve aujourd'hui, je finirai par m'aller jeter à la rivière moi-même.

THOMAS.

Ecoute, il me vient une idée. Mon maître va bientôt faire le voyage d'Afrique, pour acheter des négres dont il a besoin pour son habitation.

ARLEQUIN.

Qu'est-ce que c'est que des négres ?

THOMAS.

Ce sont des hommes.

ARLEQUIN.

Tu te moques de moi. Est-ce qu'on peut vendre des hommes?

THOMAS.

Oui, mon ami, rien n'est plus vrai.

ARLEQUIN.

Et qui est-ce qui vend ces hommes que tu appelles des négres?

THOMAS.

Ce sont les souverains du pays, & même très-souvent les péres & méres y vendent leurs enfans.

ARLEQUIN.

Tu te moques encore de moi, cela n'est pas possible. Si tu me disois que les enfans s'y vendent pour soulager leurs péres, je te croirois; mais autrement cela ne se peut pas.

THOMAS.

Tu croiras ce que tu voudras; mais je t'ai dit la vérité.

ARLEQUIN.

Ainsi, si j'étois dans ce pays, & que j'eusse mon pére malheureux, ou ma maîtresse dans l'embarras, je pourrois me vendre pour les soulager ?

THOMAS.

Sans doute.

ARLEQUIN.

Oh! le bon pays! Si j'y étois, je serois bientôt vendu.

THOMAS.

Tu peux également te vendre ici à mon maître. Il a la permiſſion d'emmener tous les nègres qui voudront le ſuivre, & tu es préciſément de la couleur qu'il faut.

ARLEQUIN.

Comment? de la couleur qu'il faut?

THOMAS.

Sans doute; il ne veut que des noirs.

ARLEQUIN.

Ah! c'eſt un privilège attaché à la couleur; cela a bien ſon agrément. Et tu crois que je pourrai paſſer pour noir?

THOMAS.

Si tu ne paſſes pas pour noir, tu paſſeras au moins pour métis ou quarteron.

ARLEQUIN.

Comment pour quarteron?

THOMAS.

Oui, ſans doute. On diſtingue trois ſortes de nègres; les noirs d'abord, enſuite les métis, puis les quarterons.

ARLEQUIN.

C'eſt-à-dire que les noirs, c'eſt comme qui diroit la livre, les métis la demi-livre, & le quarteron n'eſt plus que la moitié de la demi-livre.

THOMAS.

On ne pouvoit mieux l'expliquer.

ARLEQUIN.

Mais, dis-moi? le quarteron ſe vend il auſſi cher que la livre?

THOMAS.

Pas tout à-fait; mais la différence n'eſt pas grande.

ARLEQUIN.

Et, moi quarteron, combien pourrai-je me vendre?

THOMAS.

Trois ou quatre mille livres, ſuivant ce que mon maître croira que tu vaux.

ARLEQUIN.

Il m'achètera donc au poids?

THOMAS.

Non: ſuivant ta force, ton âge & ton intelligence.

ARLEQUIN.

Embraſſe-moi, mon cher Thomas; que je ſuis donc heureux de t'avoir rencontré! Mene-moi vîte à ton maître.

THOMAS.

Nous n'irons pas loin: le voici.

SCENE V.

DURMER, THOMAS, ARLEQUIN.

THOMAS.

MONSIEUR ? voici un noir qui veut ſe vendre à vous.

DURMER.

D'où vient-il ?

THOMAS.

D'où viens-tu ? Il faut le dire.

ARLEQUIN.

Quel eſt le pays qui produit les meilleures races ?

THOMAS.

La Négritie.

ARLEQUIN.

Je ſuis de Bergame en Négritie.

DURMER.

Bergame !

THOMAS.

Il eſt un peu troublé.

DURMER.

Es-tu libre ?

ARLEQUIN.

Oui, Monſieur.

DURMER.

Et tu veux vendre ta liberté ?

ARLEQUIN.

Oui, Monſieur.

DURMER.

Tu m'as l'air d'un pareſſeux.

ARLEQUIN.

Monſieur.

DURMER.

D'un gourmand.

ARLEQUIN, *à Thomas.*

Comment voit-il cela ?

DURMER.

D'un poltron.

THOMAS.

Oh ! pour cela, Monſieur, cela n'eſt pas poſſible ; car lorſque je l'ai rencontré il alloit s'engager.

DURMER.

Combien veux-tu ?

ARLEQUIN, *à part.*

Il faut un peu le surfaire ; cela fera que je me vendrai mieux. (*Haut.*) Six mille livres.

DURMER.

Tu vends bien ta marchandise.

ARLEQUIN

C'est que je me connois mieux que personne.

DURMER.

Tu me surfais de moitié ; je te donnerai mille écus, si tu veux.

ARLEQUIN.

Allons, Monsieur, un peu de conscience ; je vaux mieux que cela.

DURMER.

Je ne donnerai pas une obole de plus

ARLEQUIN.

Me paierez-vous comptant ?

DURMER.

Je te donnerai la somme en or sur le champ, &, si je suis content de toi, je te rendrai ta liberté dans dix ans.

ARLEQUIN.

Allons, Monsieur, c'est fait Dans dix ans, quel bonheur! (*A Thomas*) Que je suis donc heureux de t'avoir rencontré !

DURMER.

Que feras-tu de ton argent ?

ARLEQUIN

Je le donnerai à mon ancienne maîtresse, à Madame Argentine.

DURMER.

Cela n'est pas possible ; tu ments.

ARLEQUIN, *à Thomas*

Ecoute, mon ami Thomas, ton maître est-il un honnête homme ?

THOMAS.

Sans doute.

ARLEQUIN, *à Durmer.*

Eh bien ! Monsieur, donnez-lui cet argent vous-même.

DURMER.

A la bonne heure. Où demeure-t-elle ?

ARLEQUIN.

Là. Mais ne lui dites pas que cela vient de moi.

DURMER.

Je dirai ce qu'il faut. (*A Thomas.*) Emmène-le avec les autres; mets-lui la chaine, & ferme bien la porte. Demain nous partirons.

ARLEQUIN, *à Thomas.*

Mais que je suis donc heureux de t'avoir rencontré!

THOMAS.

Allons, viens.

DURMER.

Allons porter cet argent à cette Madame Argentine. C'est là, dit il? Frappons. Ho-là.

SCENE VI.

DURMER, ARGENTINE.

DURMER, *frappant.*

HO-LA, ho-là.

ARGENTINE.

Que voulez-vous, Monsieur?

DURMER.

Parler à une Madame Argentine.

ARGENTINE.

C'est moi, Monsieur.

DURMER.

En ce cas, voilà une bourse de mille écus que je dois vous donner.

ARGENTINE.

Mille écus, Monsieur! Et de quelle part?

DURMER.

C'est un nègre que je viens d'acheter, qui s'est livré à moi pour cette somme, & qui m'a dit de vous la donner. Prenez donc; j'ai autre chose à faire.

ARGENTINE.

Ah! Monsieur, de grace, un instant: qui peut vous avoir remis cet argent?

DURMER.

Je vous dis que c'est un esclave que je viens d'acheter.

ARGENTINE.

Mais son nom, Monsieur?

DURMER.

Je n'en sais rien. Je m'embarrasse bien de ça.

ARGENTINE.

Je vous en ſupplie, Monſieur, permettez que je le voie.

DURMER.

Je m'en vais le faire venir... Ho-là hé, Thomas?

THOMAS.

Que voulez-vous, Monſieur

DURMER.

Amène-moi ici le nouvel eſclave que je viens d'acheter.

THOMAS.

Arlequin?... Je m'en vais le chercher.

ARGENTINE.

Ah! dieux! c'eſt Arlequin, c'eſt ce pauvre garçon. Il s'eſt vendu pour me rendre ſervice. Ah! je mourrai plutôt mille fois que de me ſervir de cet argent.

DURMER.

Eh bien, Thomas, où eſt l'eſclave.

THOMAS.

Le voici.

SCENE VII.

DURMER, ARGENLINE, THOMAS; ARLEQUIN, *en habit d'eſclave.*

ARGENTINE.

EH quoi! mon cher ami, tu veux donc me quitter?

ARLEQUIN.

Puiſque je ne puis plus vous être utile qu'en partant, il faut bien que je vous quitte.

ARGENTINE.

Jamais, je ne le souffrirai.

SCÈNE VIII & dernière.

LES PRÉCÉDENS, MAURICE.

MAURICE, *accourant.*

RÉJOUISSEZ-VOUS, Madame, vous n'avez plus rien à craindre. Voici le biller que votre créancier a paſſé à mon ordre: tout eſt payé.

ARLEQUIN.

Tout eſt payé. Eſt-il donc vrai?

ARGENTINE.

Oui, mon ami, Monsieur m'a rendu ce service; mais je n'en ressens pas moins vivement ce que ton cœur t'avoit dicté pour moi.

ARLEQUIN.

Vous allez donc l'épouser?

ARGENTINE.

Je le dois.

ARLEQUIN.

En ce cas-là, je partirai toujours. (*A Thomas.*) Allons-nous-en.

MAURICE.

C'est le meilleur parti qu'il puisse prendre; il ne faut pas gêner les intentions.

ARGENTINE.

Non, mon ami, reste avec nous.

ARLEQUIN.

Vous êtes bien cruelle; vous voulez donc me voir mourir de chagrin? Non, non, je dois traîner mes chaînes loin de vous. Allons-nous-en.

MAURICE.

Il a raison. Pourquoi le retenir?

ARGENTINE, *à part.*

Quelle affreuse contrainte!

MAURICE, *à Argentine.*

Quoi! vous pleurez? En vérité, je n'y comprends plus rien. Tout est payé; je suis votre seul créancier. J'ai tenu ma parole; en acquittant la vôtre, je ne vois pas d'où peut venir votre chagrin.

DURMER, *vivement.*

Parbleu! vous avez bien peu d'intelligence; elle ne vous aime pas, elle aime ce brave garçon, elle voudroit l'épouser. Madame, je ne suis pas tendre, mais l'action de cet homme m'a fait plaisir. Si je puis vous être utile, parlez; je suis riche, la somme n'y fait rien.

ARGENTINE.

Que de bontés!... C'est mille écus que je dois à Monsieur.

DURMER.

Mille écus! les voilà (*A Maurice.*) Allons donc; prenez vîte, & donnez ce billet.

MAURICE, *à part.*

Je suis pris comme un sot (*Haut.*) Le voici. Adieu.

DURMER.

Voyons, s'il eſt en bonne forme. (*Il lit.*) Alexandre Bannetti! O ciel! c'eſt le nom de l'ami que j'ai perdu. (*A Argentine.*) Connoîtriez-vous cet Alexandre Bannetti?

ARGENTINE.

Je ſuis ſa fille.

DURMER.

Sa fille!

ARGENTINE.

Auroit-il le bonheur d'être connu de vous?

DURMER.

Il fut mon bienfaiteur; c'eſt lui qui me rendit ſervice il y a ſix ans avant ſa mort.

ARLEQUIN.

Il n'eſt point mort

DURMER.

Il n'eſt point mort! Ce traître de Maurice! comme il m'avoit abuſé! Où donc eſt-il, ce cher ami? Je meurs d'envie de l'embraſſer.

ARGENTINE.

Il eſt ici.

DURMER.

Ah! je ſuis trop heureux! Allons bien vîte le trouver. Venez lui préſenter un ami, qui ne peut s'acquitter qu'en partageant avec lui & avec vous une fortune que je ne dois qu'à ſa bienfaiſance. Je lui préſenterai ce brave garçon; il ſera votre époux, car vous l'aimez.

ARGENTINE.

Je ne m'en défends pas.

ARLEQUIN.

Ma chère Argentine!

DURMER.

Je me charge de vous doter. Mais allons faire part à votre père de l'heureux événement qui nous raſſemble, & lui prouver que parmi ces hommes dont on exagère ſans ceſſe l'ingratitude & la méchanceté, il s'en trouve encore, & plus que l'on ne croit, de bons, de juſtes & de reconnoiſſans.

FIN.

MPLES.

www.ingramcontent.com/pod-product-compliance
Lightning Source LLC
LaVergne TN
LVHW052013160826
845678LV00003B/1032

* 9 7 8 2 3 2 9 6 4 7 3 2 6 *